男の子の「脳」と「心」にアプローチした新しい幼児学習ドリル

脳のつくりが違う男女は、それぞれ「得意分野」や「好み」の傾向が異なります。

「ぼくとわたしの頭脳アップドリル」シリーズは、脳科学、心理学に基づき、それぞれが**「得意とすること」**や**「大好きなもの」**をもとに用い、最後まで飽きずに勉強ができる仕掛けが満載です。

『男の子がたのしくまなぶ　ひらがな』には**「大きく動くものを好む」****「興味をもったことには、とことん集中する」「冒険やリスクを好む」**といった男の子の特性を生かし、男の子が興味を持ちやすいイラストや写真、また動作を表す言葉（動詞）などを多く登場させています。また、読み上げるだけで男の子がワクワクする言葉からの設問や設定など随所に飽きさせない工夫がいっぱいです。

そして、ドリルを最後までやりきるためには、おうちのかたの助力が必要です。欄外に、心理学に基づいたおうちのかた向けのアドバイスを記しました。男の子への言葉がけや接し方のヒントにお役立てください。

本書の使い方

本書では清音（っ）が清音・濁音・半濁音・物音・促音（っ）の順になっています。実際に文字を書くときには、書きやすい文字から練習できるよう、学習内容を取り上げる順番になっています。また、清音をしっかり書けるようになってから、濁音・半濁音・物音・促音の学習に取り組めるよう配慮しています。

- お手本の中の数字は、文字の書き順を示したものです。また矢印は、文字の線の方向を示したものです。

- 1ページやり終えるごとに、「ミッションクリアシール」を、ここに貼りましょう。

- 心理学に基づいた、おうちのかたに向けのアドバイスをQ&Aの形で書いています。男の子への言葉かけや接し方のヒントとして参考にしてください。

- 1ページごとに、名前と日付を書きましょう。男の子の冒険にフルネームで書くのが難しいようでしたら、下の名前だけでもかまいません。また、おさまりにくいようでしたら、おうちのかたが書いてあげてください。

- おけいこページの下には、そのページで学習した文字を使っている言葉の絵を掲載しています。文字が書けたら、おさまといっしょに、絵の言葉を声に出して言ってみましょう。

- お手本を指でなぞったら、次は、薄い文字を鉛筆でなぞります。★は、書き始めの位置です。━━の線は、文字のバランスを取るための線です。━━のあたりに書いたらよいか、お手本を参考にこの位置から、ゆっくり丁寧になぞりましょう。

- 薄い文字を鉛筆でなぞったら、次に、実際に自分で書いてみます。━━の線は、文字のバランスを取るためのなぞり線です。

- それぞれの文字の書き方のコツやポイントなどを、おうちのかたに向けに解説しています。

● おけいこページ

それまでに学習した文字を確認し、復習するページです。清音の学習の後と、濁音、半濁音、物音、促音の学習の後に設けています。

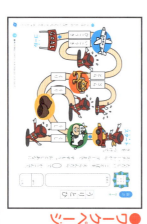

● ワークページ

おけいこページで文字の学習をする前に、クイズ形式のワークページに取り組みます。そうすることで、楽しい気持ちで文字を学ぶことができ、より理解を深められます。迷路や線つなぎ、色塗りなど、さまざまな内容になっています。

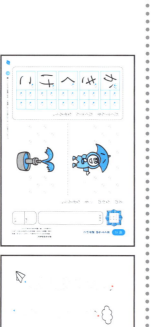

● 運筆練習などの導入ページ

おけいこページで文字の学習をする前に、運筆練習をしたり、文字に触れる遊びをしたりします。清音、濁音、半濁音、物音、促音のそれぞれの文字のおけいこに入る前に、運筆練習をして、文字を書くための大切な準備運動になります。正しい文字を書くための大切な準備運動になります。

正しい姿勢

正しい文字を書くためには、正しい姿勢を身につけることがとても大事です。前かがみになったり、椅子の背にもたれたりせず、背筋を伸ばして、机と平行にまっすぐ座るようにしましょう。また、足が床に付かないときは、床の上に空き箱などを置いて調節しましょう。

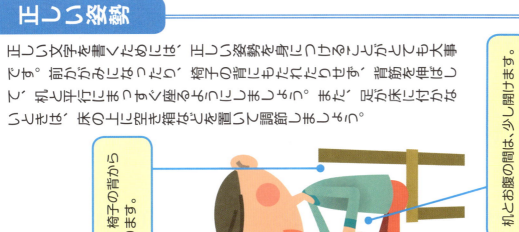

- 机とお腹の間は、少し開けます。
- 足は床に付けます。
- 背筋を伸ばし、椅子の背から少し離れて座ります。
- 目と紙の間は、十分に離します。
- 鉛筆を持つ手のひじは、机にはのせません。もう片方の手は、軽く紙を押さえます。
- 文字の中心が体の中心に合うように、書くたびに紙を動かします。

正しい鉛筆の持ち方

鉛筆の持ち方は、一度くせがついてしまうと、直すのがなかなか難しいものです。正しい文字を書くためには、文字を覚え始めるこの時期に、正しい姿勢とともに、正しい鉛筆の持ち方をしっかりと身につけることが重要です。

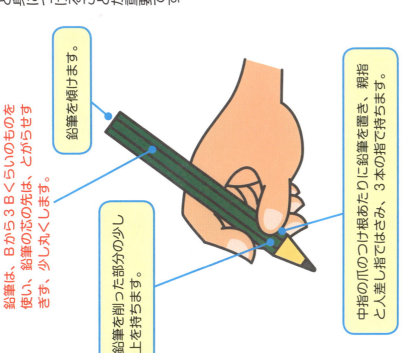

- 鉛筆を傾けます。
- 鉛筆を削った部分の少し上を持ちます。
- 中指の爪のつけ根あたりに鉛筆を置き、親指と人差し指ではさみ、3本の指で持ちます。
- 鉛筆は、Bから3Bくらいのものを使い、鉛筆の芯の先は、とがらせすぎず、少し丸くします。

正しくない持ち方

- ✗ 親指の先が、人差し指で隠れている。
- ✗ 人差し指の先が、親指で隠れている。
- ✗ 中指が鉛筆にのっている。

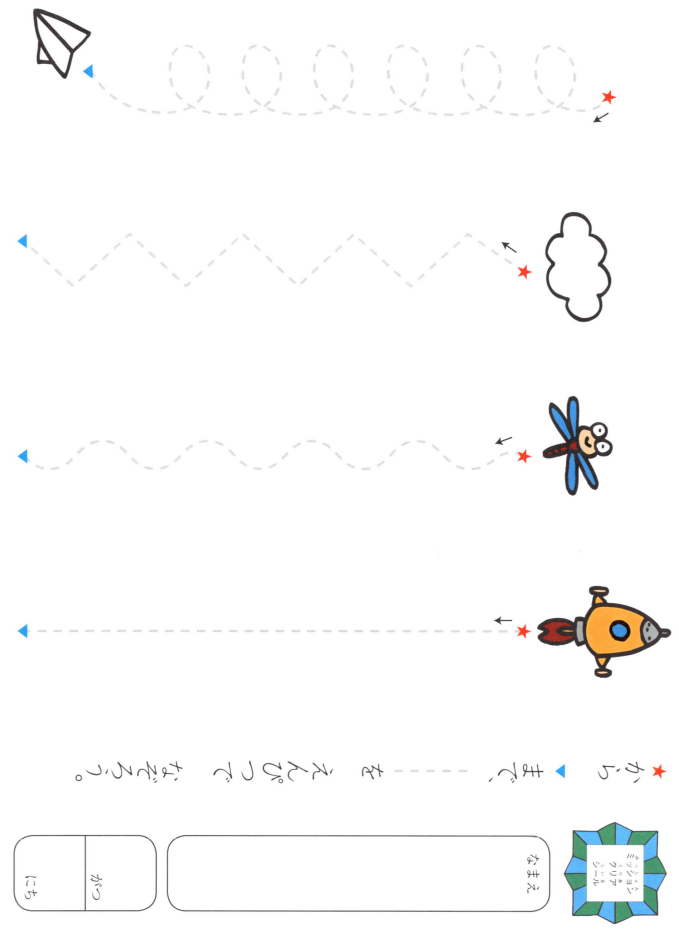

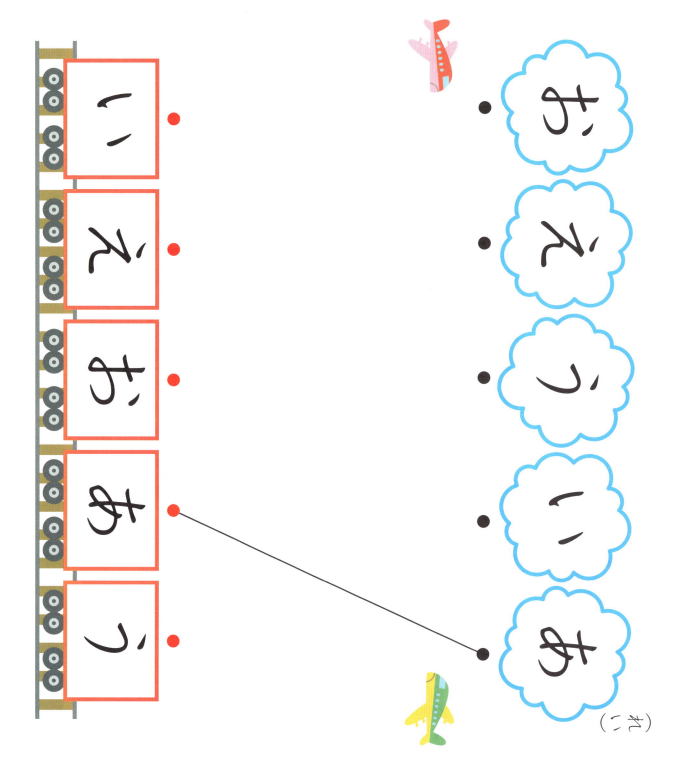

清音 ワーク

| し | つ | ヘ | く |

なまえ＿＿＿＿＿＿＿＿＿＿＿

がつ　にち

えに あう ことばを さがして、● と ● を せんで むすぼう。

　●　　　　　●　くつ

　●　　　　　●　しんかんせん

　●　　　　　●　のし

　●　　　　　●　きのこ

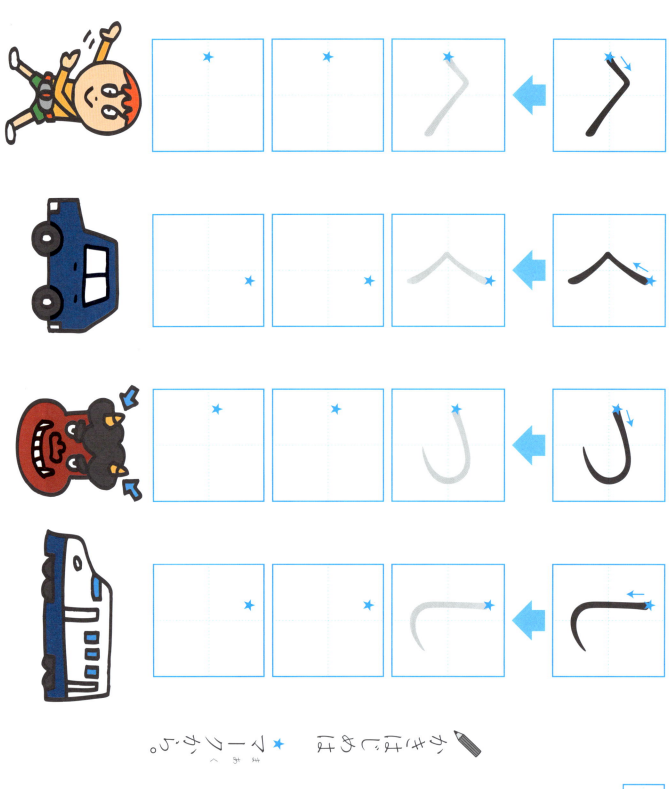

A 自分が男の子であると自覚させるために、「男の子なんだから」という言葉を使ってもいいですが、言いすぎると負担になってしまいます。とっておきの言葉と思って言いすぎないようにしましょう。

清音 もじの おけいこ

✎ おまいに ★ をつけましょう。

□に もじを かこう。

おうちのかたへ

清音は とめ・はね・はらいなどに 気をつけて書いていきます。おりょうは お手本の文字から線で参考にしてます。実際に書いてみましょう。文字を取り上げて書いていき、上手に書けるようになる順書

せいおん

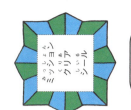

がつ	にち

なまえ

えに あう ことばに なるように、もじを ○で かこもう。

（れい）

き や ち ん ん

の の も い の の

こ い る か い

ん お さ つ こ

清音 ひらがな れんしゅう

かくじゅんをまもって

★ をめあてに ✎ を うごかしてから、
おまえに かきましょう。

なまえ		がつ	にち

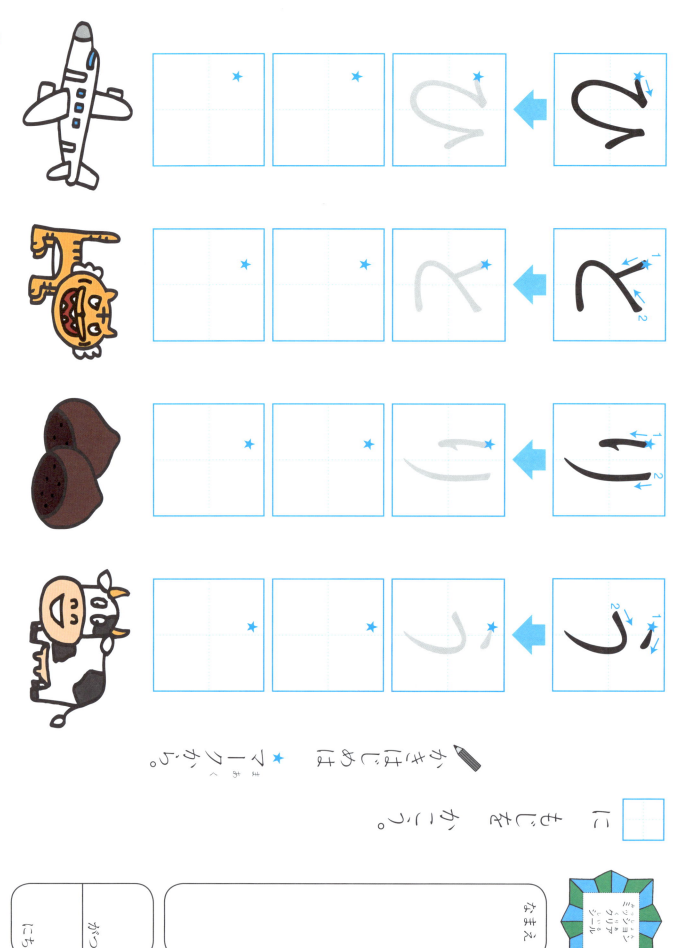

清音ワーク

| ち | ら | い | け |

なまえ

えに あう ことばを えらんで 〇に いろを ぬって。

ちず 〇
ちす 〇

くじら 〇
くじら 〇

かに 〇
かこ 〇

けんだま 〇
けんだま 〇

せいおん

もじの れんしゅう

け
に
く
ち

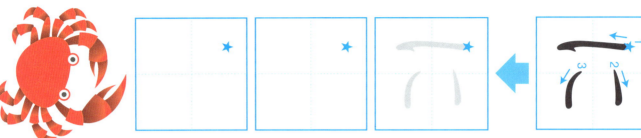

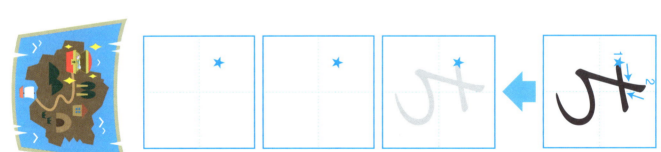

えんぴつで なぞってから、★から かこう。

□に あてはまる もじを かこう。

なまえ

がつ　にち

おうちのかたへ

「せ」「ら」の2画目と「わ」の3画目の最後は、とめずにはらうようにしましょう。

A 無理をして続けさせると勉強そのものがきらいになってしまいます。そういう場合は、継続にこだわらないことが大事です。勉強ぎらいにさせないことが何より重要です。

清音 わ〜く①

| せ | ん | せ | い |

なまえ

がつ　にち

えに あう ものだよ。えと ひらがなを せんで つなごう。●と ●を せんで むすぼう。

　●　　●せんろ

　●　　●すき

　●　　●けいさつ

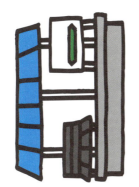　●　　●すいどう

↓ ひらがな かいて おぼえよう。なぞって かこう。

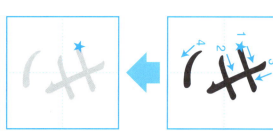

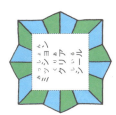

| え | た | ち | る |

| なまえ | | がつ | にち |

えに あう ことばに なるように、□の えちらか
ただしい もじを ○で かこもう。

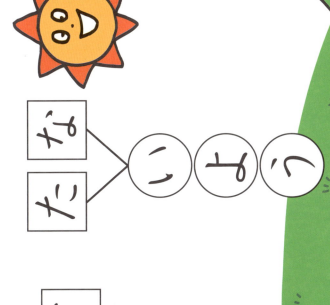
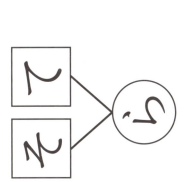

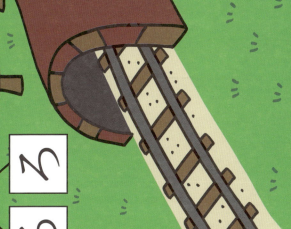

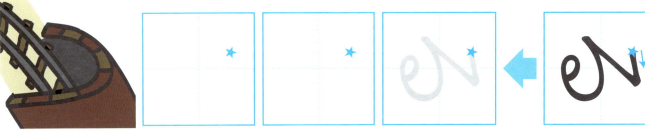
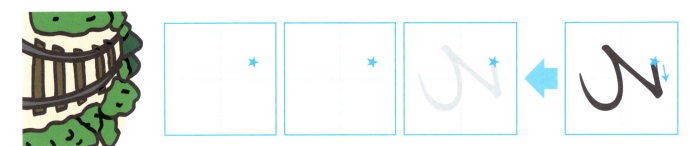

清音 ワーク

| よ | す | ま | な |

なまえ　　　　　　　　　　がつ　にち

ただしい ことばを えらんだら ○で かこんで、
スタートから ゴールの えきまで すすもう。

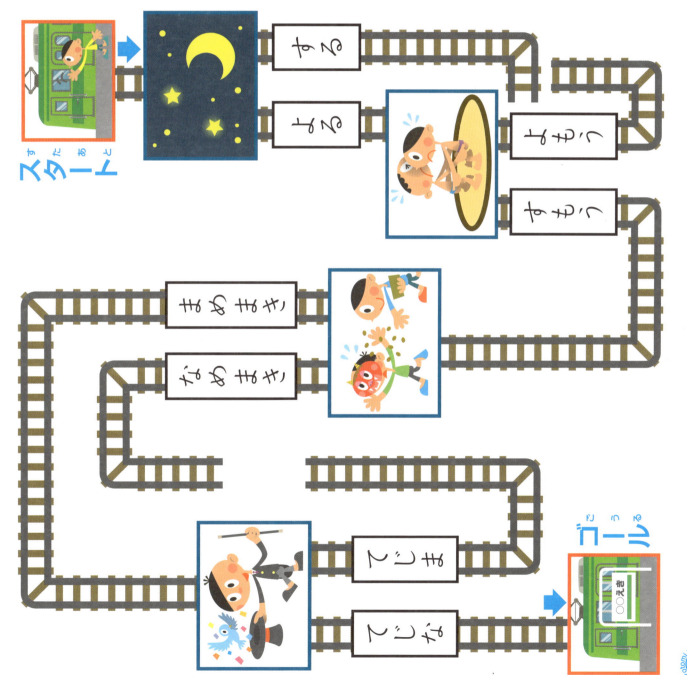

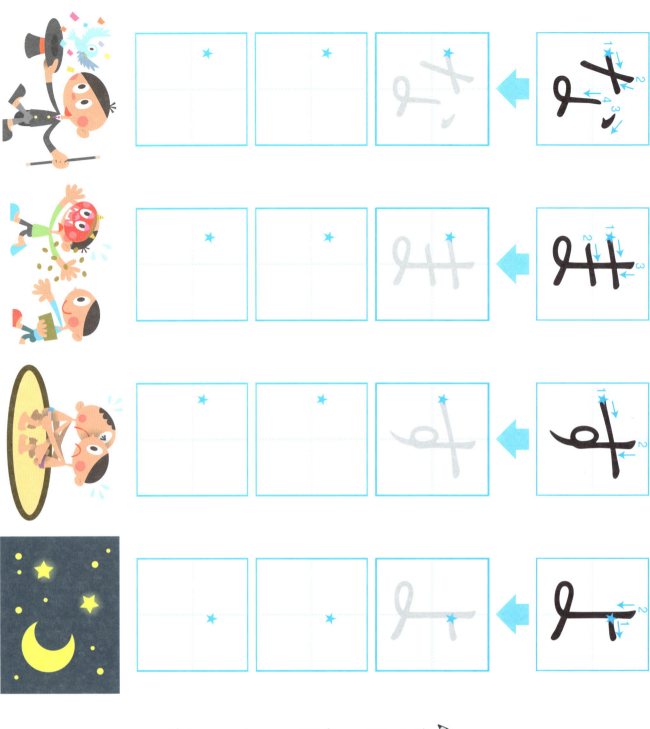

清音 ワーク

| は | ほ | ん | か |

なまえ

がつ　にち

えに あう ことばに なるように、もじを ○で かこもう。

| は | た | ち | し | な | る |

| は | ほ | ち | だ | る | る |

| ら | る | い | お | う | ん |

| か | さ | ま | ぶ | き | り |

| お | あ | や | も |

清音 ワーク

なまえ

がつ　にち

えに あう ことばを えらんで ●と ●を せんで むすぼう。

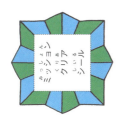
- ● さむらい
- ● さむらい

- ● もみじ
- ● もみじ

- ● あり
- ● あり

- ● おもちゃ
- ● おもちゃ

⬇ いえの ひとに おてほんを よんで もらおう！

せいおん あ行・ま行

せいおん
かきじゅん

おうちのかたへ
「あ」は書きまちがいに注意しましょう。1画目の位置より、2画目と3画目は少し離れますが、「お」は3画目の位置より、1画目、2画目に近くなります。気をつけましょう。

A 元気な証拠ですね。叱りすぎて、勉強ぎらいな子どもになってしまうことは避けたいですね。投げたものを「飛行機に乗って戻ってきたよ」と机の上に置き、楽しく再開する工夫をするとよいでしょう。

✏️ かきじゅんは　★ から。

□に　もじを　かこう。

なまえ

がつ　にち

清音 ワーク

| ま | ぬ | ね | わ |

ただしい ことばを えらんだら ○で かこんで、
スタートから ゴールまで すすもう。

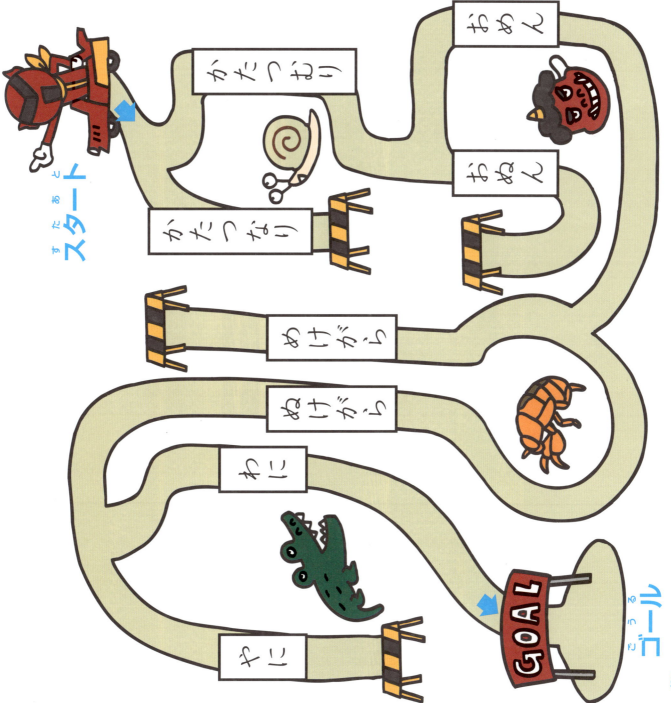

↓ うらに もっと おもしろい もんだいが あるよ。

もじの おけいこ

清音

おうちのかたへ
「む」の2画目は、おりまげるしょう。2画目の下のほうの角度の方が結びを気をつけて、また、文字の形にも。「わ」の形に注意しましょう。

A 下のおこさまは、上の子のマネをしたがるので、下のおこさまに合ったドリルをいっしょにやらせるのもよいです。

清音 わ・あ

| れ | ね | み | ゆ |

なまえ

がつ　にち

えに あう ことばに なるように、□の えから ただしい もじを ○で かこもう。

| ね |
| れ |
→ ん が

| ね |
| れ |
→ ん ご

| ゆ |
| み |
→ ず き

| ゆ |
| う |
→ う え ん ち

せいおん の おけいこ

ゆ　み　ね　れ

う を

清音 ワーク

なまえ　　　　　　　　　がつ　にち

えに あう ことばを えらんで、○に ○を つけて。

- のむ ○
- のむ ○
- みずを
- みずお
- うる ○
- うる ○
- うを
- うお
- ふみきり ○
- ふみきり ○
- つだこ ○
- つだこ ○

↓ドリルを する日にち（毎日、何曜日など）は、どう決めたらよい？

清音 せいおんの おさらい

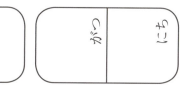

おうちのかた
31・32ページでは、清音のまとめとしておさらい問題に取り組みます。一つひとつの文字を声に出して読みながら取り組めるといいでしょう。(れい)を入れて、答えは5つあります。

| | なまえ | | がつ | にち |

したの ひょうの なかに かくれて いる ことばを さがして、◯で かこもう。たて よこに よむよ。

(れい)

ひ	こ	う	き	る
ね	い	さ	ら	え
ふ	し	て	な	ね
い	く	る	ま	の
ス	だ	あ	や	も

A 下の子と比較せず、一日でも、少しでも楽しんで勉強できればラッキーと考えましょう。そのうち、できるようになります。

らいおん、とら、くま、さる、かめ、わに です

つぎの これらの どうぶつは なかまに なります。〇の どうぶつ だけで、□に かき ぬこう。

清音
かたかな の まとめ ①

なまえ
がつ にち

32

濁音 だくてんの おけいこ

おうちのかたへ
濁音のおけいこに入る前に、このページで、濁点を書く練習をします。濁点は２つの点でできていることを教えて、薄い線をなぞらせましょう。

なまえ ／ がつ にち

えの なかの ゛を なぞろう。

だくてんを ぐるりと なぞろう。

半濁音 はんだくおんの おけいこ

なまえ

ひづけ　がつ　にち

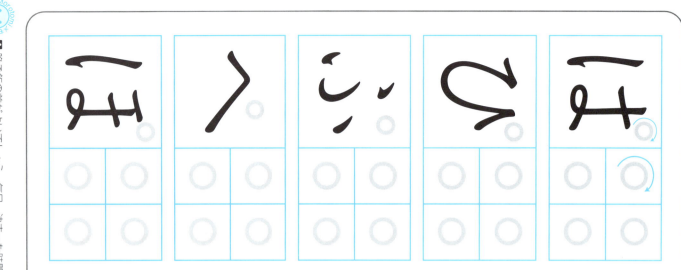

はんだくおんを かきましょう。

えの なかの ○を なぞりましょう。

濁音

ワーク

| が | き | ご | け | ん |

なまえ

| がつ | にち |

えに あう ことばに なるように もじを ○で かこもう。

- あ / が / ま / み / し / つ
- す / や / き / ぎ / き / ぎ
- ま / ら / る / ぐ / つ / だ / か
- け / ぞ / あ / こ / に / だ
- げ / い / か / じ / し / む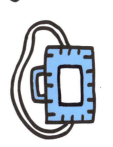

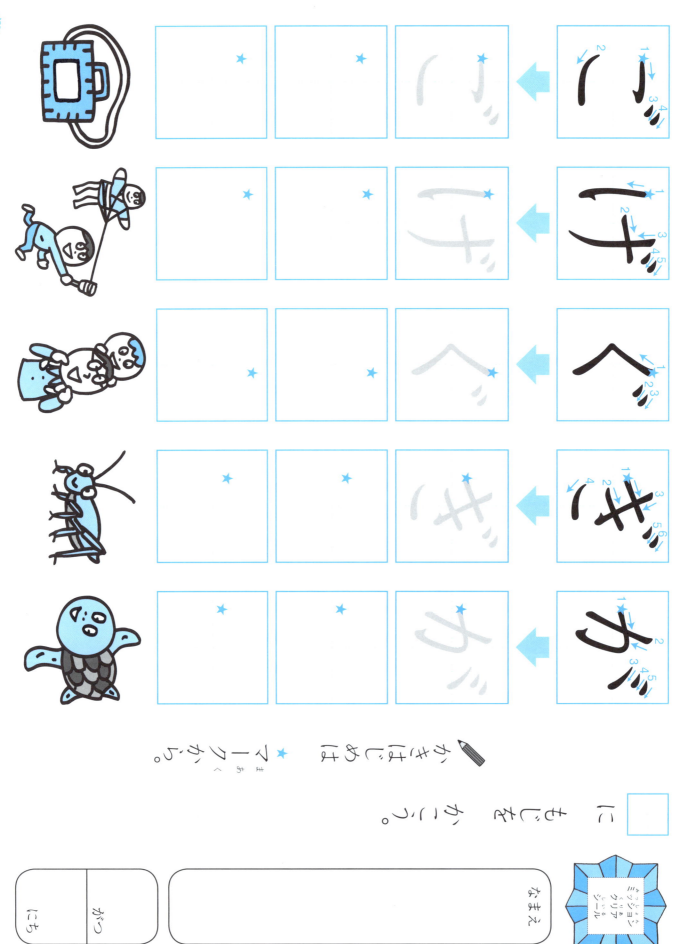

濁音 ワーク

ぎじゅつえ

ただしい　ことばに　なるように、□に　はいる
もじを　えらんだら　○で　かこんで、スタートから
ゴールまで　すすもう。

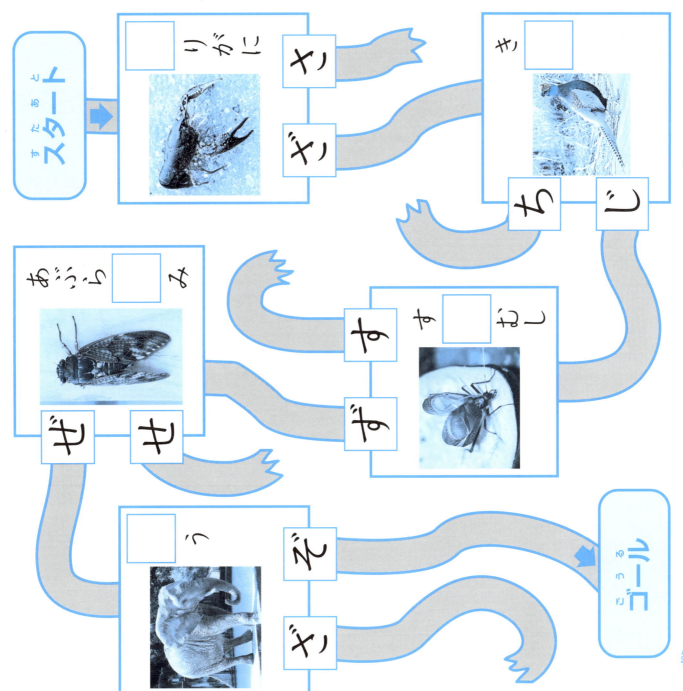

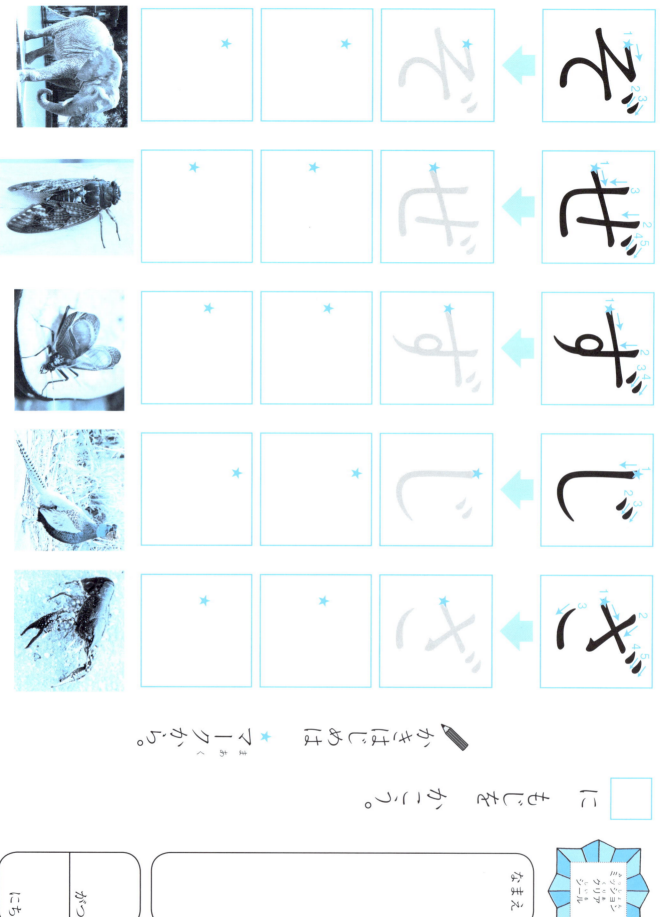

だ	ぢ	づ	で	ど

濁音 ワーク 1

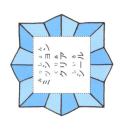

なまえ

がつ にち

えに あう ことばを えらんで、● と ● を せんで むすぼう。

● だちょう
● だちょう

● はなじ
● はなぢ

● かなづち
● かなずち

● おじい
● おぢい

● どうぶつえん
● どうぶつえん

↑うらは ことばの おさらいだよ。やって みよう！

39

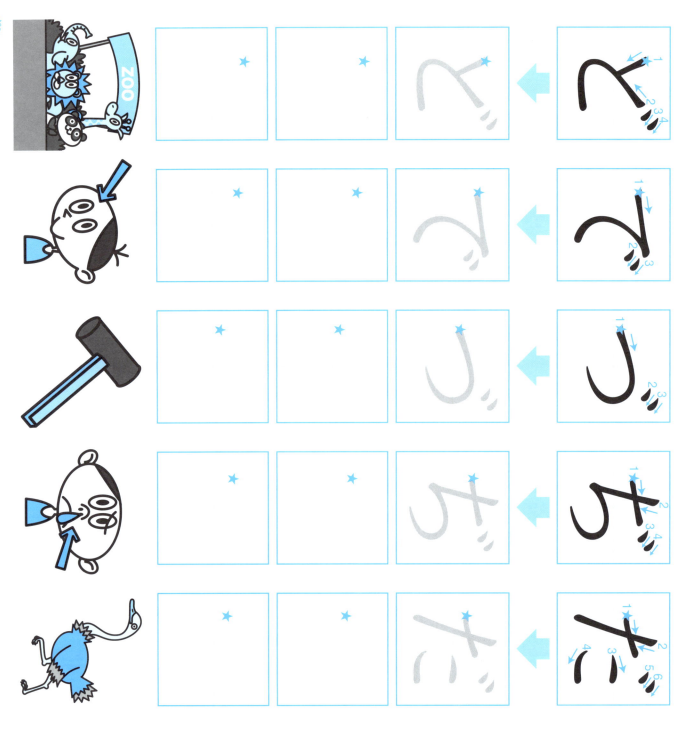

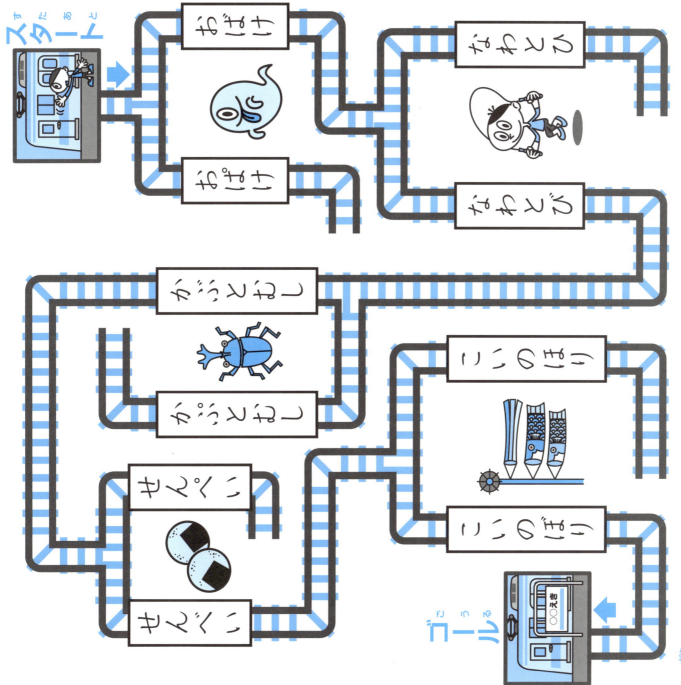

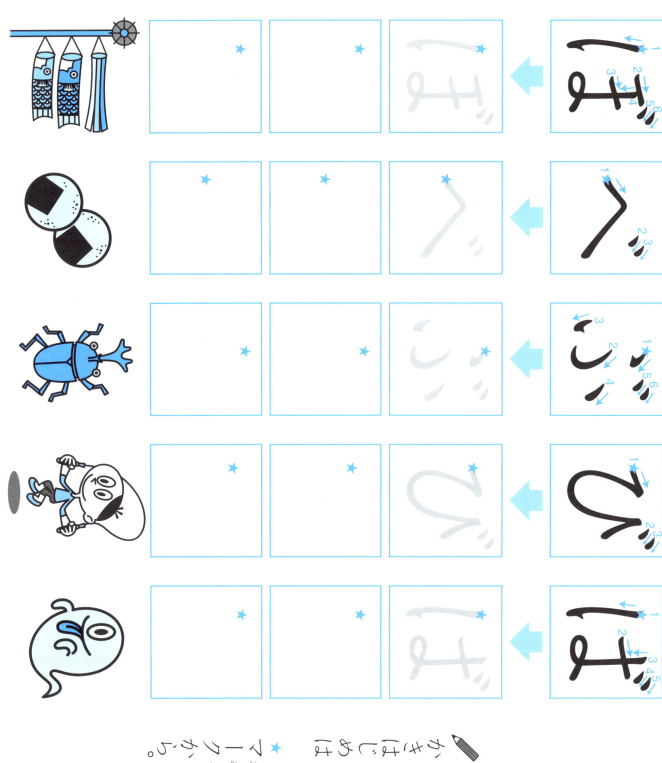

半濁音

ワーク

| ぱ | ぴ | ぷ | ぺ | ぽ |

なまえ

| がつ | にち |

えに あう ことばを えらんで、○に ○を つけて。

- ○ らっぱ
- ○ らっぱ

- ○ えんぴつ
- ○ えんぴつ

- ○ おんぷ
- ○ おんぷ

- ○ すりぺ
- ○ すりぺ

- ○ みずてっぽう
- ○ みずてっぽう

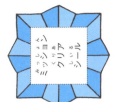 もじあそび

おうちのかた

拗音の練習に入る前に、このページでは、拗音を使った文字遊びに取り組みます。塗る場所を間違えないように、ひとつずつ文字を確認しながら塗らせましょう。正しく塗れたら、恐竜が現れます。

「きょ」の ところを ぬろう。ぬったら なにが でて きたか おうちの ひとに おしえて あげよう。

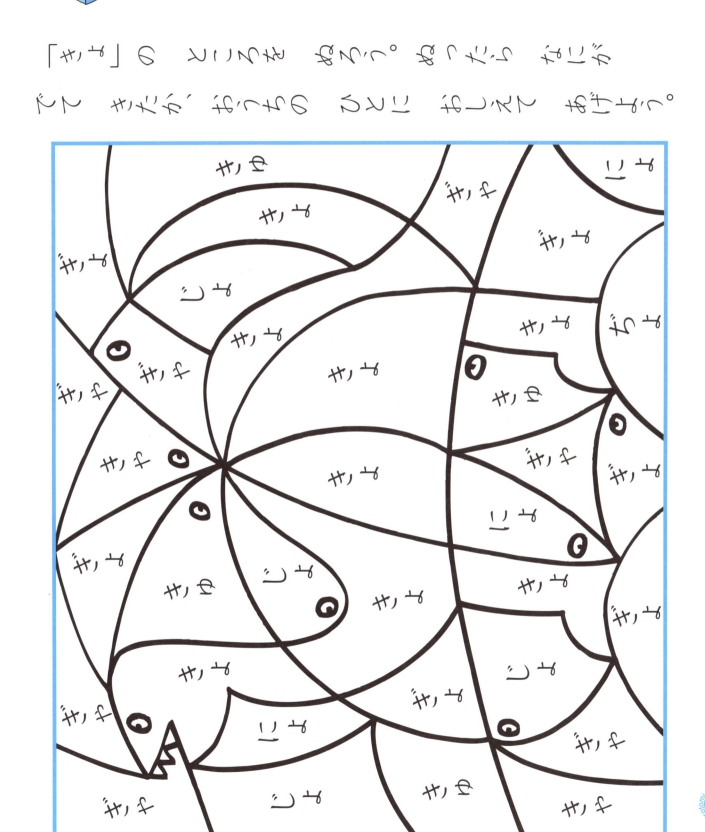

Q 4歳になっても正しい鉛筆の持ち方ができません。どうしたらよい?

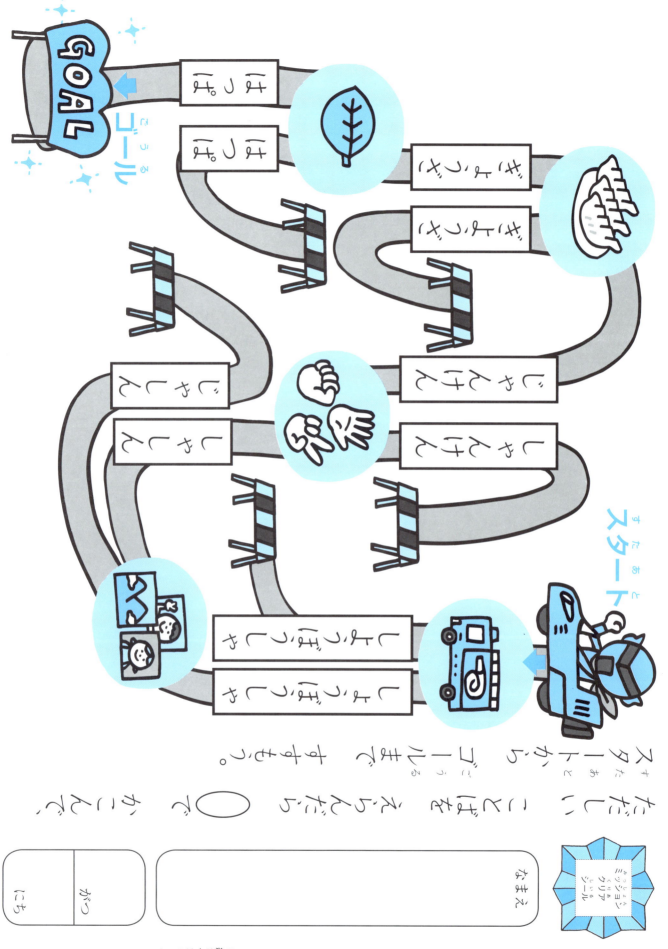

ことば ・ 物音

| きよ | きゅ | きや | きよ | きゅ | きや |

なまえ　　　がつ　にち

えに あう ことばを さがして、● と ● を せんで むすぼう。

 ● ● きゅうりゅう
　　　　　　● きゃく
　　　　　　● きちゅう

 ● ● きんぎょ
　　　　　　● きゃうりゅう
　　　　　　● きちゅう

 ● ● きゃく
　　　　　　● ちゃう
　　　　　　● にゅうにゅう

 ● ● きんぎょ
　　　　　　● ちゃゅう
　　　　　　● きゅうにゅう

 ●

ひらがな れんしゅう

おうちのかたへ
「ぎ」「ぎゃ」「ぎゅ」「ぎょ」などの濁音・拗音の練習です。手本の文字をよく見て、「゛」「゜」「ゃ」「ゅ」「ょ」を書く位置や大きさに注意して書かせてください。

ぎ	→		さかな
ぎゅ	→		ぎゅうにゅう
ぎゃ	→		ぎゃく
ぎょ	→		きょうりゅう
ぎゅ	→		やきゅう
ぎょ	→		ぎょうざ（星空のシーン）

□に もじを かこう。

なまえ _____
がつ___にち

※無理やりまっすぐに引かそうとしてはいけません。調子がないときに直すようにするとよいでしょう。

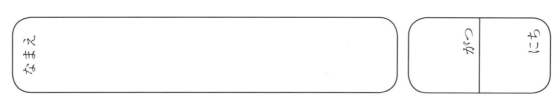

ただしい いえを えらんだら ○で かこんで、スタートから ゴールまで すすもう。

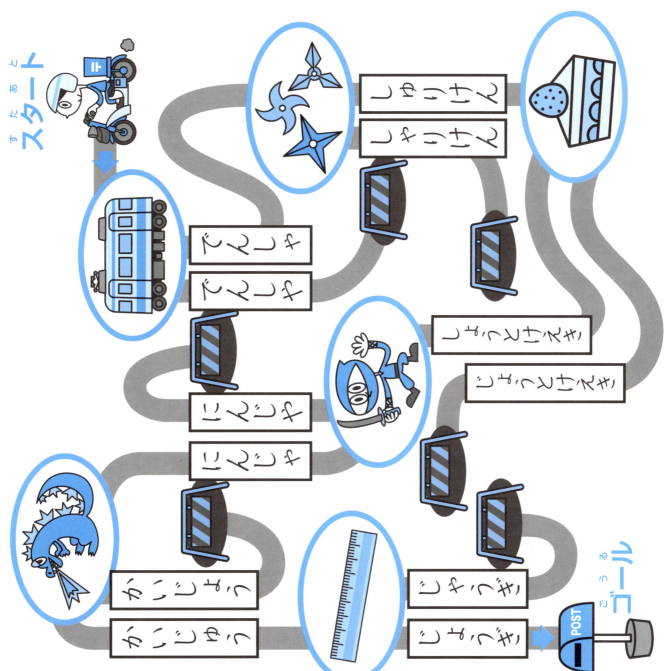

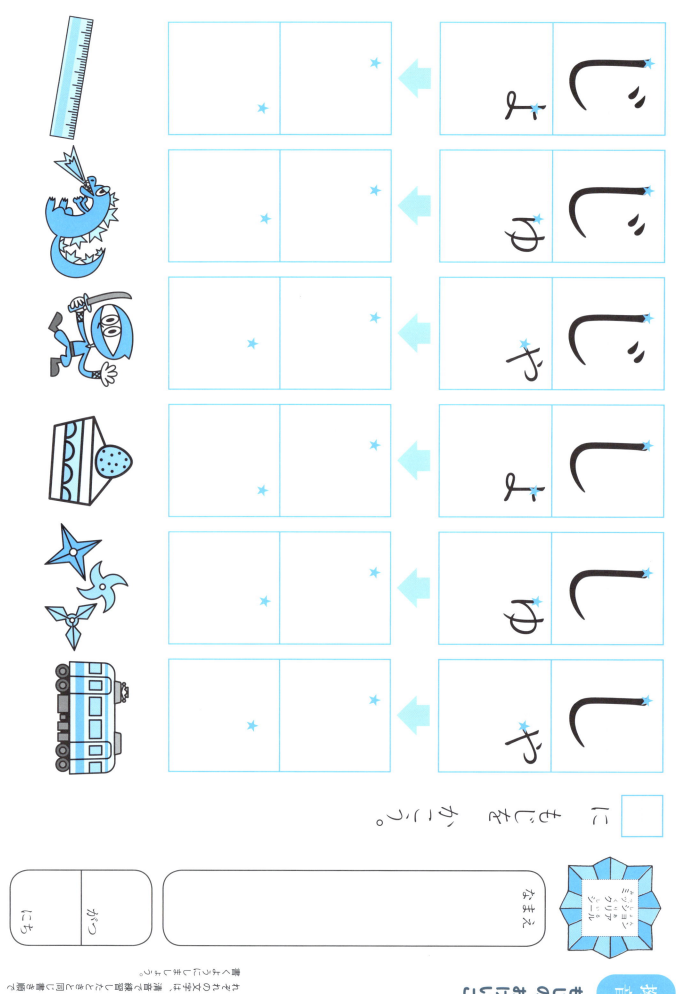

ちゃ	ちゅ	ちょ	ぢゃ	ぢゅ	ぢょ

拗音 ワーク⑤

なまえ _____ がつ にち

えに あう ことばに なるように、□の どちらか ただしい もじを えらんで、○に これを かこう。

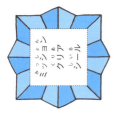 ○ ちゃ   ちゃん
         ○ ちゅ

 かぼ ちゃ ○
            ちゃ ○

 こん ちゅ ○ う
            ちゅ ○

 ○ ちょ   きんぎょ
         ○ ちょ

↓ちゃ・ちゅ・ちょの つく ものの なまえを かこう。

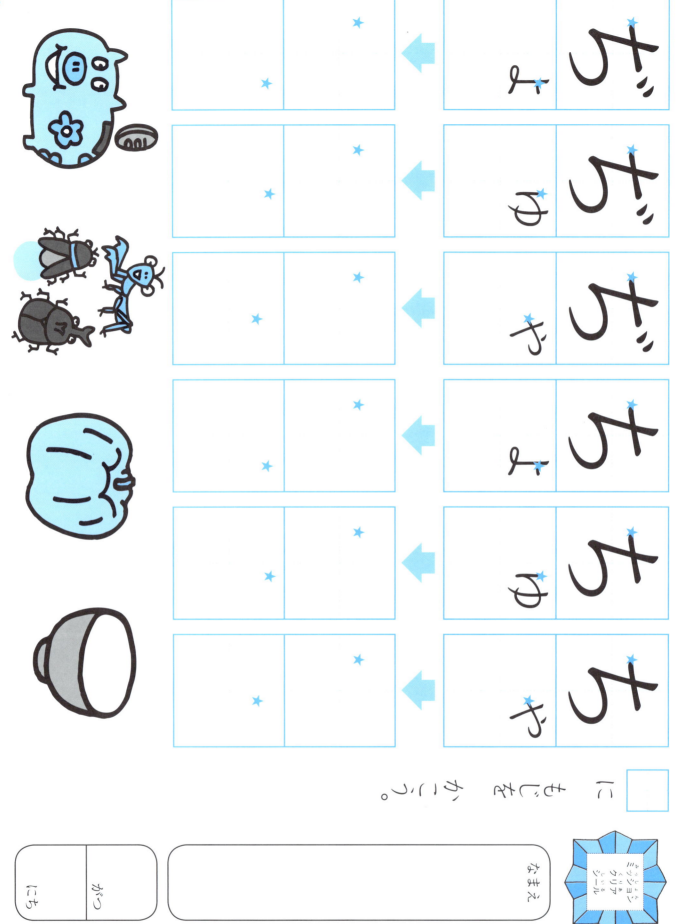

拗音 わーく

| じゃ | じゅ | じょ | ぢゃ | ぢゅ | ぢょ |

なまえ　　　　　　　　　　　　　　　がつ　にち

えに あう いえばを さがして、● と ● を せんで むすぼう。

　●　●じょう
●じゃくえん
●じゅうえんきん
●いんじゃく

　●　●じょう
●じゃくえん
●いんじゃく

　●　●じゅうえんきん

　●

　●　●かぜが ちゅう ちゅう
●くびが ちぢ ちぢ

　●

　●　●かぜが ちゅう ちゅう
●くびが ちぢ ちぢ

↓ こたえ あわせは おうちのひとに やって もらってね。

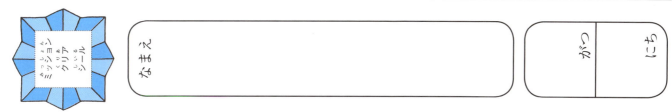
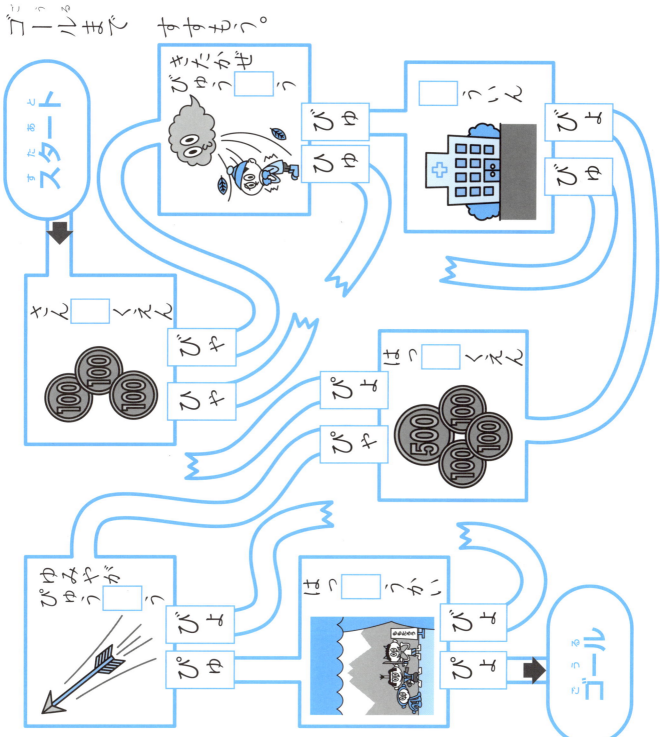

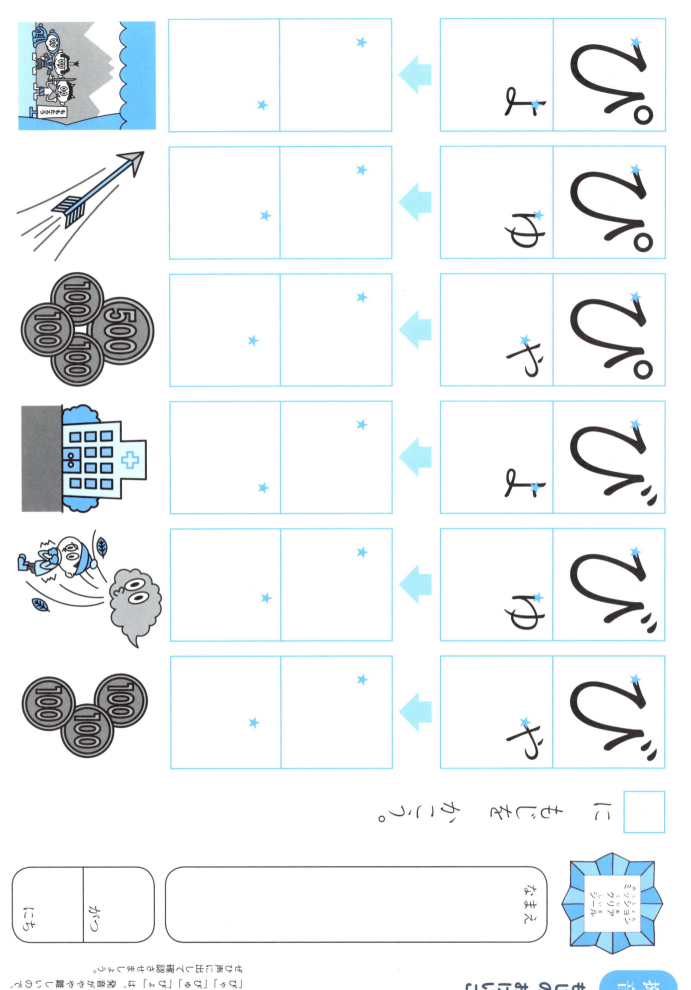

おん ようすワーク

| みゃ | みゅ | みょ | りゃ | りゅ | りょ |

なまえ _____   がつ ___ にち ___

えに あう ことばを えらんで、〇で かこもう。

- (て) みょく / (みゃく)
- みゅうじしく / みょうじしく
- みゃこう / みょこう
- こくしゃくほん / こくじゃくほん
- きゃくじゅう / きゃくじう
- じゃくこ / じゃくこ

↓ つぎは ちょうおんの れんしゅうだよ。

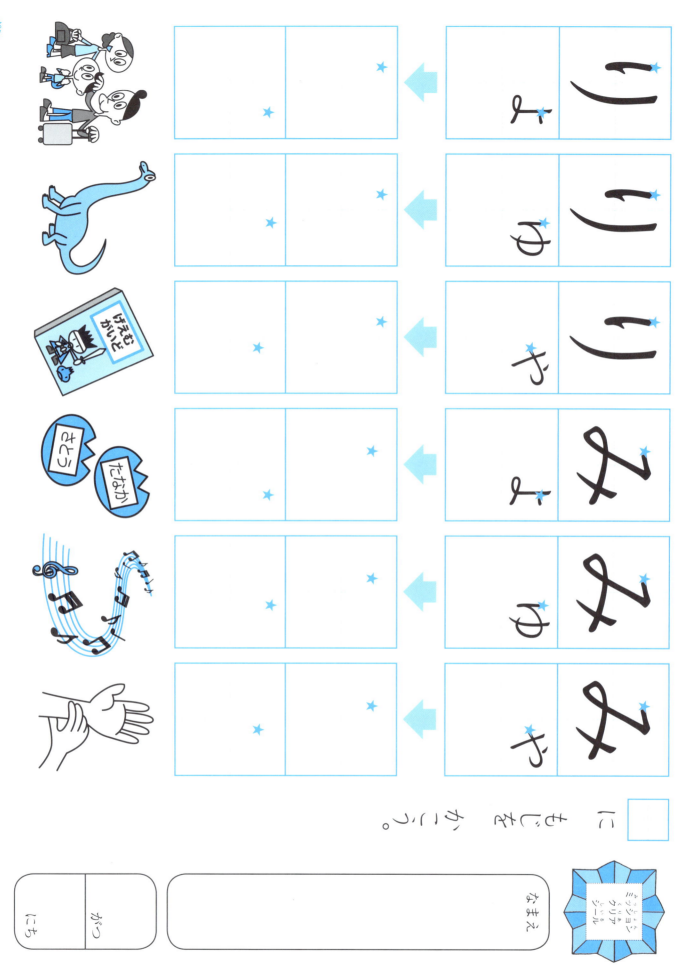

ただしい ことばを えらんだら ○で かこんで、スタートから ゴールまで すすもう。

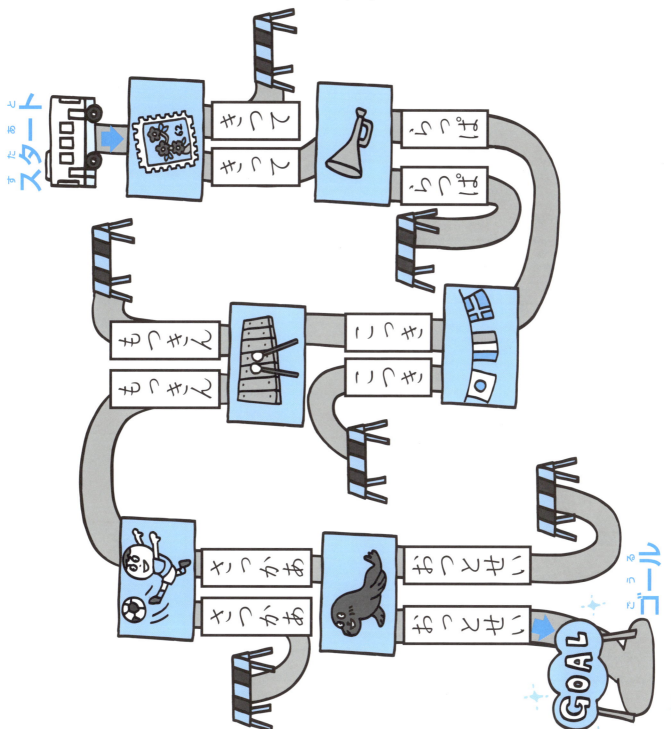

濁音・半濁音、物音・促音

だくおん・はんだくおん、ようおん・そくおんの おさらい

おうちのかたへ

61〜64ページでは、濁音・半濁音、物音・促音のまとめとしておさらい問題に取り組みます。難しい言葉があったときは、おうちのかたが教えてあげてください。このページには答えはついてありません。

なまえ　　　　　　　　　　　　　　がつ　にち

しかくの なかに こんちゅうの なまえが かくれて います。さがして、□で かこみましょう。ぜんぶで ７こ あります。

な	も	そ	す	ん	ほ
だ	ん	ご	む	し	ん
ば	っ	だ	ぐ	む	あ
や	で	が	し	ス	め
て	き	わ	ご	ぶ	は
じ	し	く	む	か	で

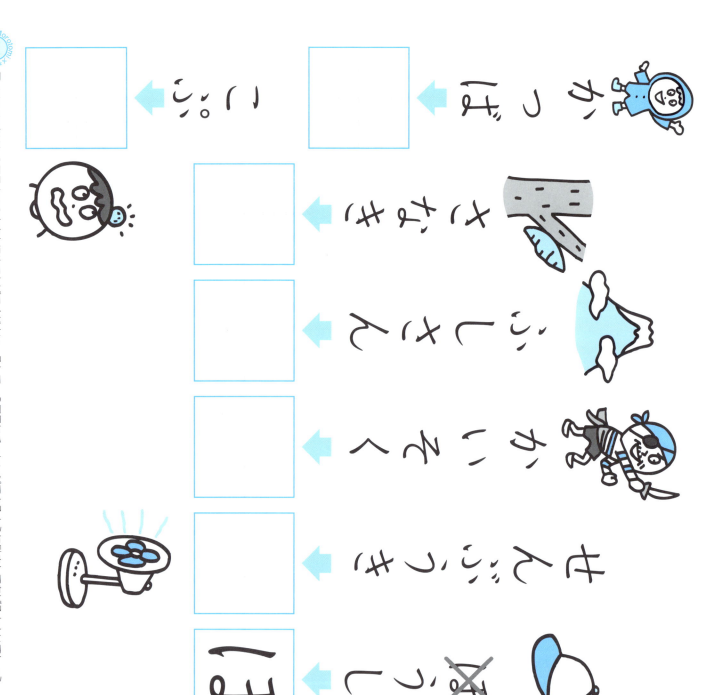

濁音・半濁音、拗音・促音

だくおん・はんだくおん・ようおん・そくおんの おさらい

えに あう ことばに なるように、□に もじを かこう。

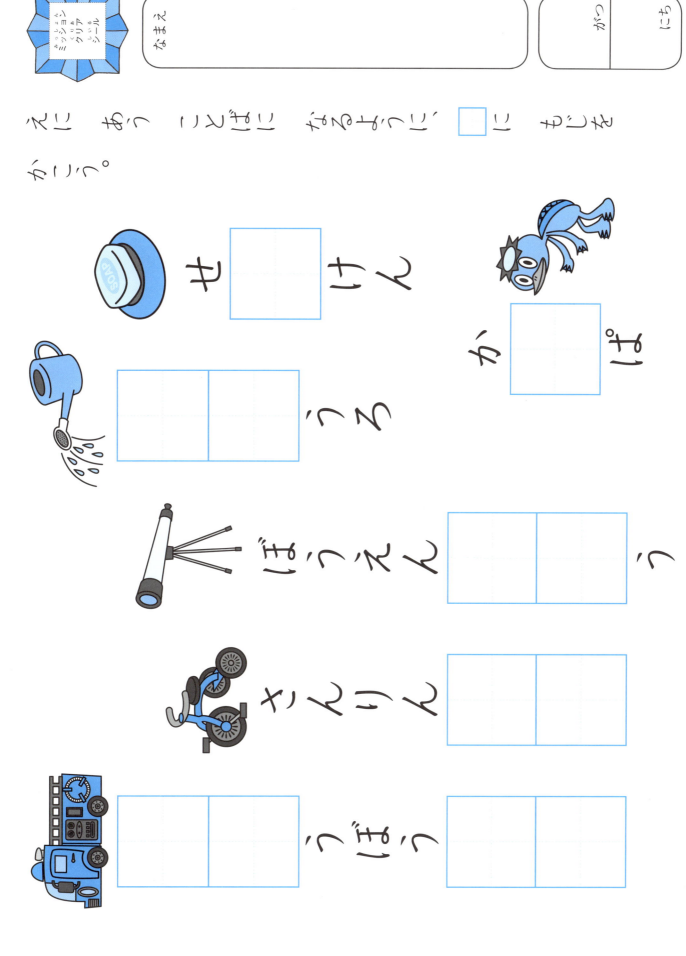

★ 64ページの こたえ びよういんの ページ あります。

だくおん・はんだくおん・
ようおん・そくおんの おさらい

濁音・半濁音
拗音・促音

なまえ

が | にち